Det rabler for mor

- Når far får en fødselsdepression

Copyright-indehaver: 2018 , *Luise Emilie Andersen*

Forlag: *BoD – Books on Demand, København, Danmark.*

Tryk: *BoD – Books on Demand, Norderstedt, Tyskland.*

ISBN: 9788743001522

Tak til:

Jeanette fra sundhedsplejen, for dine hyppige besøg, og din rummelige måde at være på.

Mor-barn-gruppen, til de seje og stærke mødre som deler ærligt deres beretninger. Tak Majbritt og Cecilia, for at facilitere respekt og omsorg, i gruppen.

Hanne G for opmuntring til at skrive forløbet ned.

Lasse, for din opmuntring til at udgive denne beretning, og din støtte i den svære proces, det var for mig at skrive den.

Christina for at have læst historien mange gange, og kommet med kærlig feedback.

Mie for at være en ærlig og kærlig medsammensvorne i dette kaotiske moderskab.

Albert, fordi jeg må være din mor.

Dedikation

Til min Albert, min søn

Må du altid være klar over, hvor elsket og
ønsket du er,

Og huske at du er ikke ansvarlig for, hvad der
er sket i din barndom.

Du er ansvarlig for ikke at lade det ødelægge
dine muligheder resten af dit liv.

Forord

Dette er historien om at blive mor sammen med en far, som får en fødselsdepression. For mig rummer forløbet en del barske erkendelser og knæk på stoltheden. Jeg har prøvet at håndtere mine følelser og reaktioner ved at benægte dem, tie dem ihjel. Dette fik dem blot til at råbe højere.

Jeg har aldrig været på dybere og mere ukendt farvand, end da min søns far fik en fødselsdepression. Især oplevede jeg, at uanset hvor jeg søgte støtte, forståelse eller hjælp var der ikke nogen, der havde et relevant behandlingstilbud. Eller nogen der kunne sige, at de havde oplevet noget lignende. Jeg håber, at min beretning kan hjælpe andre, som sidder i eller har siddet i en situation, der minder om min.

Det tog halvandet år, fra min søn blev født til hans far kunne være selvstændigt sammen med ham. I den periode oplevede jeg symptomer som tankemylder, overvældende vrede og søvnløshed. At skrive denne bog, er også en slags egen terapi for mig. En hjælp til at jeg får bearbejdet alle følelserne og oplevelserne. Det er min overbevisning, at jo mere integreret en fortælling er i én, jo mindre fylder den. Jeg har brug for, at denne fortælling snart fylder mindre i min bevidsthed. Det starter nu, med at jeg fortæller om den.

Kapitel 1

Det at få et barn, at skabe en familie, er en lykkelig og glædelig begivenhed. Det burde det være. Det skal det være.

Jeg glædede mig meget til at blive mor, da jeg blev gravid. Jeg glædede mig til at være omsorgsfuld, være et forbillede, være den som er den vigtigste for et andet menneske. Men allermest, glædede jeg mig til at skabe og være en del af en familie. Det glædede jeg mig virkelig meget til! Jeg havde en forestilling om, at min partner og jeg sammen skabte en familie, et fællesskab, et team, hvor ord og følelser var vigtige redskaber for at oprette og vedholde vores kærlighed og sammenhold. Jeg så for mig hvordan jeg, i bedste Danny-

Tanner-stil, holdte meningsfulde og stærke samtaler med mine børn, og hvordan jeg sammen med min partner opdragede glade, stabile børn med de rette holdninger og den gode moral. Vores hjem var et mekka af åbenhed, og alle elskede at komme hos os, for her kunne man være sig selv og møde op som sig selv.

Jeg vidste udmærket godt, hvorfor jeg havde det sådan. Hvorfor åbenhed, ord og følelser var og er så vigtigt for mig. Jeg er selv vokset op i det absolut modsatte. Jeg tiede hellere mine inderste følelser og tanker ihjel. Dette for at spare mig selv for ydmygelsen over at mit budskab enten ville blive mødt med stilhed eller grint ad. Dette med det resultat, at jeg er vokset op i troen om, at mine følelser er forkerte, at jeg er forkert. Det er mit livs mission at lære, at jeg er god nok, og tro på det. En lektie jeg troede, at jeg havde forstået og lært, men som de næste kapitler skal vise, var den egentlig undervisning slet ikke gået i gang.

Kapitel 2

Tirsdag den 26. juli 2016 kl. 17.22 bliver jeg mor til en dreng. Hans navn er Albert. Jeg fødte ham efter 22 timer med veer. Han blev forløst med CUP efter nogle målinger på hans iltning, som var lidt bekymrende. Til trods for en lidt dramatisk fødsel var Albert fin og sund, og nu var han vores. Under fødslen var hans far til stede. Min forlovede. Lasse. Vi havde været et par i 3 år, da vi blev forældre sammen. Lasse havde glædet sig til at blive far. Han havde nok glædet sig mere end mig, og han var den af os to, der gik mest amok i at købe udstyr til baby, under graviditeten. Jeg tog det mere stille og roligt, Lasse skulle helst have alt klart inden terminsdagen.

Men nu var han her. Albert. Jeg kan huske min første tanke var, at han havde utrolig lange tæer. Den første nat kunne vi ikke få ham til at sove. Da klokken blev 03, og vi stadig ikke havde sovet, blev jeg frustreret. Mens jeg var gravid, havde jeg hørt mange fortælle om, at barnet kom ud, hoppede på babsen og sov i 8 timer. Sådan gik det ikke for os. Albert hoppede ikke bare på babsen, og personalet kom med sådan nogle gennemsigtige ammebrikker. Disse minder allermest om et kondom til brystvorter. De skulle åbenbart hjælpe Albert med at få fat i brystvorten, indtil amningen var fuldstændig etableret. Men den første nat sov vi altså ikke. Før jeg sked hul i hospitalspolitikken om, at spædbørn ikke sover i samme seng som forældre. Så gik Albert ud som et lys, og sov i 8 timer. Lasse kom med kommentarer, om at jeg allerede var en super-mor. Jeg sov ikke. Jeg var alt for nervøs for, at jeg skulle komme til at mase det lille liv, der var halvt mig og halvt min forlovede.

Endvidere var jeg også i en slags ekstase ovenpå den lidt heftige fødsel. Og nåå ja, plaget af et par håndfulde sting forneden efter mødet med en saks for at få Albert ud, hurtigt og sikkert.

Det var dejligt at møde Albert. Det var mærkeligt, at han ikke længere lå inde i min mave. Det maveskind der før var godt spændt ud, hang nu som en knaldet ballon ned mod gulvet. Jeg havde haft det dejligt med de forandringer min krop gennemgik under graviditeten. Nu var jeg var mere påvirket af, hvordan min krop havde det, og måden den så ud på efter graviditeten. Men lige nu lå jeg i hospitalssengen, med Albert tæt ved siden af mig, og jeg nød det.

Fredag den 29/7-16 kommer en sygeplejerske ind på stuen og fortæller os, at vi skal udskrives i dag. Beskeden kommer bagpå os, da vi var tilknyttet "tidlig indsats"-forløbet, som blandt andet gav os fem dages indlæggelse efter fødslen. Jeg havde lavet en meget detaljeret fødselsplan med min jordemoder, der indeholdte, at de fem dages indlæggelse skulle bruges på etablering og hjælp til etablering af amning. Helt automatisk

i kraft af vores tilknytning til "tidlig indsats"
skulle der også være fokus på eventuelle
reaktioner på at være blevet forældre. Både
hos mig, men også hos min forlovede. Selvom
vi opponerede mod udskrivelse, kommer vi
hjem med Albert den dag.

Jeg var ikke klar til at komme hjem. Jeg havde
endnu ikke kunne få Albert til at tage fat på
brystet. Lasse, han hentede
modermælkserstatning og supplerede med, så
Albert ikke var alt for sulten. Men jeg syntes,
at Lasse var for hurtig til at supplere med
modermælkserstatning, og jeg syntes
desuden også, at han gav ham for meget. For
hvordan skulle jeg få Albert til at blive fristet
af brystet, når han meget nemmere kunne få

modermælkserstatning? Og jeg syntes, at det var svært at få ro til at lære at amme, når der kom en arm ind midt i forsøget og lagde modermælkserstatning ind i munden på Albert. Jeg var stadig overvældet over fødslen, hvor jeg nåede at blive bange for, at Albert ikke var okay, jeg havde ondt i skridtet, og jeg manglede ro til at få lov til at øve mig i at amme mit barn. Det var mega svært at amme. Det var som om, at det krævede en kandidatgrad - bare at få lagt barnet i rette stilling. Samtidig dansede Lasse rundt om mig og Albert med modermælkserstatning og ville supplere hele tiden. Det hjalp mig bare ikke. I min overvældethed og forvirring over at forstå ammeteknikker havde jeg ikke overskud til at sige fra overfor Lasses handlekraft. Lasse kunne vist ikke rumme, at Albert græd. I hvert fald lagde jeg allerede dengang mærke til, at Lasse roste Albert og jeg, når han kom ind på stuen, og der ikke var gråd. Det er først flere uger senere, at det går op for mig, at dette var et signal om, at Lasse ikke var okay.

Umiddelbart havde det havde nok heller ikke gjort en forskel, at vi var forblevet indlagt nogle dage mere. Allerede på barselsgangen havde Lasse svært ved at relatere sig til Albert. Hans adfærd bar en gang imellem præg af manglende situationsfornemmelse. Som da sygeplejersken står og er ved at hjælpe mig med ammeteknikker, og Lasse kommer ind og afbryder hende, fordi hans aftensmad ikke er kommet. Under graviditeten havde jeg snakket rigtig meget om, hvor vigtigt det var for mig at få lov til at amme mit barn. Lasse havde sagt, at han ikke syntes den ene slags mad var bedre end den anden, men var det vigtigt for mig ville han bakke op. Så jeg havde forventet en helt anden støtte fra Lasse, end den jeg oplevede.

En del af årsagen til at vi var i særlig indsats-forløbet var, at vi begge havde vores psykiske materiale hvor der dermed var større risiko for fødselsdepression og -reaktion. Men der var ikke noget tidspunkt i de to døgn, vi var på barselsgangen, at et personale snakkede længe nok med os til, at de ville have spottet symptomerne. De havde simpelthen ikke tid.

Men vi kom hjem. Jeg ved ikke, om det var på grund af vores protester over udskrivelse, at vi fik en ambulant tid søndag den 31/7. Her skulle vi møde op og få en snak med en jordemoder om, hvordan det gik med blandt andet amning.

Den første weekend hjemme var forfærdelig. Albert var skøn. Lasse var stressende. Mælken var begyndt at løbe til, men Albert kunne stadig ikke få fat i brystet. Albert græd og græd, og jeg prøvede og prøvede at hjælpe ham med at få fat. Jeg husker det som om, at jeg sad med Albert i mine arme og hjalp ham med at bide fat i brystet, og så kommer Lasse ind fra højre med en sprøjte med modermælkserstatning, som bliver ført direkte ind i Alberts mund. Albert falder til ro med et sagligt blik i øjnene. Han bliver mættet - og jeg blev svigtet. Sådan havde jeg det, men kunne ikke formulere det. Jeg blev vred og skældte Lasse ud, bad ham om at give Albert og jeg en chance for at få gang i amningen, inden han bare kom og skød rundt med gratis mad. Lasse slog mit udbrud hen og bad mig slappe af. Hans søn skulle ikke sulte.

Jeg havde svært ved at få øje på min ellers støttende partner. Jeg følte ikke længere, at vi var på samme team. jeg syntes, jeg skulle kæmpe for det, der var vigtigt for mig, og som var rigtig for Albert. Mælken væltede ud af brysterne, da det blev lørdag nat. Og så sad jeg der med mælk løbende ned af maven på mig, og en forlovede der fjernede mit barn fra min næring, og gav ham erstatning. Der var ikke nogen stille og rolig samtale om situationen og handlemuligheder, som Lasse og jeg ellers plejede at være gode til. Lasse handlede hurtigt og beslutsomt, hver gang Albert gav et lille pip. Han virkede nærmest sammenfarende og overopmærksom.

Udsigten til at skulle på hospitalet søndag og snakke med en jordemoder stod som min redning, ud af dette heftige virvar af konflikter som Lasse og jeg havde omkring amningen. Han kunne ikke tage tanken om, at Albert var sulten, og mente ikke at jeg skulle fortsætte. Jeg huskede fra fødselsforberedelserne, at amningen godt kan tage uger at få etableret.

Vi mødte op, og jeg var træt, og meget ked af det. Albert var fem dage gammel, og der var stadig ikke gang i amningen. Det var som om, at Albert ikke kunne få fat på brystvorten, og han blev frustreret og græd og græd. Jeg havde tanker om, at mine bryster var forkerte til mit barn, siden han ikke kunne få fat. En meget imødekommende jordemoder tog imod os på barselsgangen og efter at have snakket med os i ti minutters tid, sagde hun "ja, I skulle jo ikke have været udskrevet". Det hjalp mig lidt at blive set der. Selvom hun ikke havde en tidsmaskine, så var det bare skønt at vide, at min usikkerhed omkring det her amning blev set. Jordemoderen forsikrede os om, at vi var på rigtige vej i at få etableret amningen, men at vi skulle tage beslutningen om at fortsætte, selvom det var frustrerende. Jeg kiggede på Lasse, som egentlig lignede et stort spørgsmålstegn.

Vi blev enige om at fortsætte med at få gang i amningen. Jeg sagde til Lasse, at jeg nok selv skulle stå for det, og at han ikke behøvede at gøre noget som helst.

Jordemoderen gav os instruktioner i, hvor meget vi måtte supplere med af modermælkserstatning, og jeg tog derfra med en fornemmelse af, at vi var på rette vej. Især fordi Lasse hørte alt, hvad den sundhedsprofessionelle sagde, så jeg regnede med, at han nu forstod, at Albert ikke var ved at dø af sult, og at han godt kunne tåle den frustration, han oplevede ved ikke at kunne få fat i brystet.

8 timer senere sad jeg igen med en grædende Albert og en stresset far, som ikke kunne overskue gråden. Jeg var presset. Den støttende far fra barselsgangen var forvandlet til et nervevrag, som i stedet for at trække vejret ned i maven styrtede ud i køkkenet og hentede en flaske med modermælkserstatning. Albert sov for første gang 7 timer i træk. Men jeg følte mig fallit. Jeg følte, at jeg var blevet tvunget til at give afkald på noget. At jeg ikke var blevet inddraget i beslutningen om mit eget barn. Derefter begyndte jeg, at pumpe mælken ud af mine bryster og give Albert det jeg havde.

Dette kunne jeg i seks uger. Jeg prøvede at acceptere forløbet. Men jeg fandt aldrig ro med, at Lasse reagerede så prompte, og det overraskede mig at han ikke havde haft mere tålmodighed til at rumme forløbet. Vi snakkede sparsomt om forløbet efterfølgende. Lasse forstod vist ikke rigtigt, hvorfor det betød så meget for mig at amme mit barn. Eller i hvert fald at jeg gerne ville give det et ordentligt forsøg, inden jeg gav op. Jeg syntes ikke, vi gav det et ordentligt forsøg. Og samtidig ville jeg gerne have haft, at vi var et hold, et team, i etableringen af amning og i beslutningen om at Albert skulle have flaske. Men det var vi ikke. Jeg læste om en kvinde, der forsøgte at etablere amning i to måneder, inden hun kapitulerede. Og hos denne kvinde

var mælken ikke en gang løbet til.

Kapitel 3

Da Albert først begyndte at få flaske og dermed regelmæssig mad, faldt der ro på. Han sov det meste af tiden, og jeg kunne begynde at fordøje fødslen, som havde været en stor oplevelse for mig. Jeg udnyttede ethvert barselsvisit til at fortælle om fødslen. Jeg var ret ligeglad med, om folk overhovedet gad høre det, oplevelsen havde påvirket mig. Jeg havde præsteret at føde naturligt, som jeg ønskede, til trods for personalets bekymringer for Albert og mig, på grund af jeg havde et meget højt blodtryk. Men på et tidspunkt så det vist gråt ud, hørte jeg en fødselslæge sige. Jeg kan huske, at afdelingsjordemoderen og fødselslægen kigger på mig og siger: "Vi skal have ham ud, så vi sætter en cup på hans hoved". Der var kommet flere personaler på stuen, jeg talte 8 styks. Da Albert endelig kom ud, kom han direkte hen til en børnelæge, som heldigvis godkendte ham. Albert kom hen til mig, og jeg slap ham ikke.

Lasse viger ikke fra min side under fødslen, og da Albert er født og er hos børnelægen, står Lasse stadig ved min siden. Lasse blev spurgt, om han ville klippe navlestrengen, hvilket han sagde nej til. Dette sårede mig faktisk ret meget. Jeg var så stolt og beæret over det lille barn, der var vores, og hvis jeg kunne, havde jeg selv klippet navlestreng. Der var et eller andet, der sårede mig omkring, at Lasse ikke kunne indgå i gamle stolte traditioner, for at fejre og glæde sig over fødslen af vores fælles barn. Jeg måtte bede Lasse om at forlade min side og gå hen og se, hvad børnelægen lavede med vores barn. Jeg kunne ikke være der for Albert i de få minutter, men han skulle ikke være helt alene uden nogle af sine forældre.

Efterfølgende har Lasse fortalt, at han var bange for at miste mig under fødslen. Jeg var bange for at miste Albert, hvilket under fødslen faktisk var en reel risiko. Jeg var aldrig i fare. Men i bagklogskabens meget klare lys var Lasses adfærd under fødslen et meget klart advarselssignal, som hverken personale eller jeg reagerede på. Jeg opfangede det, og reagerede med irritation. Jeg var jo frustreret over, at vi, mig og Lasse, ikke var det der meget lykkelige par, som var i fælles ekstase over det ,vi havde skabt sammen.

Jeg fødte Albert, mens der var flere i mit netværk, der også fik børn. På de sociale medier lagde jeg mærke til, at når en mand var blevet far, var det blevet en almindelighed, at der blev opslået en "jeg er stolt af min dame og vores barn"-statusopdatering. Som regel med et varmt billede af enten barn eller glade forældre. Jeg fik ikke nogen Facebook-hyldest. Lasse udtrykte faktisk ikke glæde over Alberts fødsel på noget tidspunkt. Han udtrykte masser af glæde under graviditeten. Men det var som om glæden svandt ind, som min mave voksede sig stor. Men alt dette ser jeg først

nu.

Kapitel 4

Da Albert er ca. tre uger gammel begynder han at blive urolig og græde omkring halvdelen af døgnet. Der var nætter, hvor Albert begynder at græde, og derfor tror jeg, at han er vågen og sulten, så jeg finder flasken frem. Kun for at opdage at han stadig sover, men faktisk ligger og græder og vrider sig i søvne. Når han var vågen kunne han også være meget ulykkelig. Endvidere ændrede hans lurer sig fra at vare 3-4 timer til at vare 30 min, hvorefter han vågner grædende op.

Vi prøvede alt muligt, som at svøbe ham og vugge ham, hvilket virkede de første håndfulde gange, og derefter skulle der mere svøb og vuggen til. Til sidst vuggede vi ham i flere timer, inden Albert faldt til ro. På et eller andet tidspunkt i det her, forsvandt Lasse mentalt fra familien. Gråden, frustrationen blev vist for meget. Eller måske var det nok sket, selvom Albert havde sovet og været glad hele tiden. Men Lasse og jeg begynder at mundhugges mere. Trætheden og frustrationen over ikke at vide, hvad Albert prøver at fortælle, sætter sit præg på os. Albert er vel 4-5 uger på dette tidspunkt. Vi er i slut August 2016, og vi skal flytte i vores drømme rækkehus pr. 1/9-2016. Noget vi ellers havde glædet os meget til, men lige nu virker det meget uoverskueligt at skulle flytte. Lasse begynder at sige fra over fra Albert. Han undskylder det med, at han er presset over flytningen, og beder om, at jeg tager mig af

Albert, og så skal han nok sørge for, at vi bliver flyttet.

I virvaret omkring Albert virkede det fornuftigt at uddelegere opgaverne. Albert prøvede helt sikkert at fortælle os, at der var noget galt, men hvad det lige var, var svært at finde ud af. Fra fødslen af havde vi snakket om, at det var som om, at Albert ikke kunne dreje hovedet til venstre. Hver gang vi lejrede ham med hovedet til venstre, svingede hovedet tilbage til midten.

Jeg og Lasse tog sammen til en psykolog for at få hjælp til at håndtere vores indbyrdes konflikt. Det var en psykolog, jeg allerede kendte, hvilket var rigtig rart for mig. Jeg følte mig meget på ukendt vand, både med at være blevet mor, men også med det der foregik mellem mig og Lasse, som jeg ikke kunne definere, og så det der foregik med Lasse, som jeg heller ikke kunne definere. Psykologen spørger mig på et tidspunkt, om jeg tror, at Albert har ondt. Lige der, på grund af hendes spørgsmål, går det op for mig, at Albert har ondt. Det måtte være det der såkaldte moderinstinkt. Psykologen havde selv god erfaring med at tage hendes børn til kraniosakralterapeut. Hun fortalte, at hendes børn var født som stjernekigger, og kraniosakralterapi havde afhjulpet deres gener efter dette. Jeg kontaktede denne kraniosakralterapeut, Trine, og Lasse og jeg tog ud med Albert. Hun spurgte ind til fødslen, og jeg fortalte gladeligt. Hun trykkede på

Albert og prøvede nogle forskellige stræk af hans hals, og sagde, at der var ingen tvivl om, at han havde ondt. Efter den første behandling faldt Albert til ro og sov 8 timer i træk. Jeg faldt også lidt til ro, vidende om at vi nu vidste, hvad der foregik. Men også velvidende om at denne behandlingsform ikke var nok. Vi skulle have ham til lægen og få noget fysioterapi til ham.

Lasse var ikke enig med mig, i at kraniosakralterapi var det rigtige for Albert. Han troede ikke på det. Til trods for at han jo selv så, hvor rolig og glad Albert var i dagene efter. Albert fik det skidt igen tre dage efter behandlingen. Men Lasse ville ikke have, at vi brugte penge på det. Så den næste måned fik

Albert ikke behandling. Og han græd! Og vi tog frem og tilbage til børneafdelingen for at få ham tilset for forskellige ting. Til trods for at jeg hvergang sagde til den tilseende læge, at jeg mente, at han havde ondt i muskulaturen omkring halsen, blev dette ikke tjekket. Først sidst i september er der en læge på vagt, som strækker Alberts hals og kan konstatere, at Albert ikke kan dreje hovedet tilstrækkeligt til venstre. Nu blev vi taget seriøst og henvist til børnefysioterapi på Herlev hospital.

Sideløbende med de mange forskellige undersøgelser og lægeaftaler med Albert, bliver Lasse mere og mere fraværende og med mindre og mindre situationsfornemmelse. Én gang da vi er midt i en lægeundersøgelse, træder han væk fra samtalen, som vi begge har med lægen, sætter sig bag ved os i vindueskarmen og begynder at spise nødder. Imens står jeg overladt til at høre, hvad lægen fortæller og vejleder os i, samtidig med Albert er ked af det. Enhver der har prøvet at have et grædende barn ved, at det er svært at holde fokus i en samtale. Så prøv at manden sidder bagved dig og gnasker nødder. Situationen var så mærkelig, at det nemmeste var at ignorere den, for jeg vidste virkelig ikke, hvad jeg skulle stille op. Jeg var allerede på overarbejde med at hjælpe mit barn, og stadig ny i morrollen.

Når vi var hjemme, var det stadig med heftig vuggen og gråd, at Albert fik sovet. På de gode dage tog det kun 2 timer at få ham til at sove. Og om dagen sov han 30 minutter ad gangen.

Kort efter vi er flyttet ind i vores drømmerækkehus, Albert er vist 6 uger på dette tidspunkt, er jeg oppe om natten med Albert, og Lasse vågner. Han kigger blankt ud i luften og siger, at han ikke kan mere, og at han er nødt til at tale med nogen. Vi bestiller en tid til ham hos den psykolog, som vi sammen snakkede med nogle uger tidligere. Jeg kan huske, at jeg spørge ham, hvad han vil snakke om, men kan faktisk ikke huske, hvad han svarer. Samtidig kan jeg også huske, at jeg allerede her er meget irriteret og træt af ham. Jeg synes, han opfører sig, som om han er den eneste, der har det svært, og jeg synes, han glemmer, at vi skal være et team og klare barnet sammen. Jeg har ikke meget tålmodighed tilovers. Al min energi går med at være der for Albert, som stadig har ondt og stadig græder størstedelen af døgnet. Da Lasse har været til samtale med psykologen, snakker jeg med ham om at tage Albert tilbage til kraniosakralterapeut. Han siger, at han ikke tror på det, og at det er dyrt. Jeg var træt og sur på Lasse, og desuden meget slidt af ikke at gøre mere for min dreng. Så jeg sagde til Lasse, at jeg nok selv skulle betale. Jeg begyndte at tage Albert til Trine. Først to gange om ugen, senere en gang om ugen, og da vi når til den 1. November, hvor Albert har første tid hos fysioterapeut, går Albert hos Trine hver tredje uge. I mellemtiden har jeg investeret i en slyngevugge for at aflaste mig selv, men også for at imødekomme Alberts store behov for at blive omsluttet og vugget.

Da Albert er 5 måneder, har jeg brugt 10.000 kroner på behandling og vugge. Til gengæld begynder Albert at finde ro, at kunne sove både dag og nat. Jeg begynder at opleve en spæd tro på, at jeg godt kan passe mit eget barn, og at jeg ved, hvad der er bedst for ham.

I denne periode frem til at Albert kommer til fysioterapeut, tager Lasse mere og mere afstand fra at holde Albert. Jeg kan huske en dag, hvor Albert havde grædt fra klokken 12-16, og jeg havde glædet mig voldsomt meget til, at Lasse skulle komme hjem. Jeg havde brug for at kunne gå fra Albert et øjeblik, at høre og se noget andet end et grædende barn. Da Lasse kom hjem, tog han Albert i sine arme. Albert græd stadig. Lasse holdte ham fem minutter, hvor han prøvede at trøste ham. Lasse gav mig Albert tilbage og sagde "det kan jeg ikke", tog sit tøj på og kørte. Han kom hjem igen ved midnat. Albert faldt i søvn klokken 19. Den dag vidste jeg, at jeg var alene om tage mig af Albert. Det gik for alvor op for mig, at Lasse havde en reaktion på at være blevet far, og at Lasse af en eller anden grund havde besluttet sig for at klare det selv.

Kapitel 5

Perioden fra midt i august 2016 til januar 2017, står for mig som et stort rod af oplevelser, konflikter og følelser. Det jeg havde troet skulle være familieidyl og kærlighed, var endt med kaos og en stærk følelse af utilstrækkelighed.

Jeg var begyndt i en mødregruppe, da Albert var fem uger gammel. Det første møde lå en uge efter, at vi var flyttet. På dette tidspunkt er der endnu ikke afklaring og ro på Albert, og Lasse var begyndt at opføre sig mærkeligt. Jeg havde egentlig ikke været klar til at komme i mødregruppen. Havde jeg selv fået lov til at svare, da sundhedsplejersken havde spurgt, havde jeg bedt om at vente lidt. Men Lasse havde taget ordet under sundhedsplejerskens visit og sagt, at jeg skulle i gang med mødregruppe. Jeg kom til det første møde, og brugte halvdelen af tiden i køkkenet med grædende Albert. Jeg var nedslået og overbevist om, at jeg ikke var i stand til at trøste, hjælpe og passe mit barn. Jeg kunne jo ikke se andre i mødregruppen i samme situation som mig. Jeg mødtes ikke mere med mødregruppen efter det første møde. Jeg snakkede med sundhedsplejersken om, at jeg ikke syntes Albert og jeg var mødregruppe-materiale. Hun fortalte om en gruppe som to sundhedsplejersker havde, der hed 'mor-barn'-gruppe. De mødtes hver anden uge, og den var styret af sundhedsplejersker. Jeg blev rådet til at prøve at deltage, og det gjorde jeg.

Jeg begyndte i mor-barn-gruppen i Oktober 2016, og den blev mit faste holdepunkt, indtil jeg stoppede i gruppen i Juni 2017, da Albert begyndte i vuggestue. Det mor-barn-gruppen gav mig var ærlighed om, hvordan det føltes at være mor, træt, forvirret, og føle man ikke har svarene på forhånd. Der var en respekt og umiddelbarhed i gruppen, som hver gang jeg var der, boostede min tillid til, at jeg godt kan det her moderskab. Jeg kan huske, at jeg tænkte på et tidspunkt, at der burde være en far-barn-gruppe. Lasse kunne i hvert fald godt have brugt noget fællesskab med nogle i samme båd som ham. I mor-barn-gruppen havde vi det tilfælles, at vi havde et eller andet behov for noget andet, end det man kan hente i en almindelig mødregruppe. I mor-barn-gruppen mødte jeg Diana og hendes dreng Alexander. Diana havde også været med i min mødregruppe, men havde ligesom mig ikke følt sig parat. Og nu mødtes vi i mor-barn-gruppen. Vores drenge var født med én dags forskel, og de mindede om hinanden i deres kærlighed til ikke at sove. Jeg fandt trøst og støtte i at have en mor i mit netværk, der ligesom mig kunne være ærlig omkring de ubehagelige følelser og tanker, der kan dukke op, når man er træt, slidt og har lyst til at give op. Den dag i dag, hvor vores drenge er 19 måneder, ses vi stadig og skrives ugentlig ved om, hvordan vi har det.

I mor-barn-gruppen kunne jeg være ærlig omkring situationen i mit hjem. Jeg kunne fortælle, at faren til mit barn ikke var glad for vores barn. At han sad og stirrede ud i luften, når han endelig var hjemme. Heldigvis var det så svært for Lasse at være hjemme, at han ofte fandt noget at lave uden for hjemmet. Jeg kunne møde op og være den jeg er med de følelser, jeg havde den dag. Vi var nået hen til Oktober, inden Lasse over for mig havde bekendt, at han havde fået en fødselsreaktion, men jeg måtte ikke fortælle det til nogen. Det var svært ikke at måtte være ærlig omkring, hvad der foregik med Lasse. Udadtil var ingen i tvivl om at der foregik noget hjemme hos os. Hvis vi endelig var ude sammen som en familie, kunne jeg ikke slappe af, hvis Lasse ville skifte eller noget andet med Albert. Min erfaring hjemmefra var jo at Albert blev overgivet til mig efter maks. 5 minutter i Lasses arme. Jeg var i alarmberedskab. Min dreng skulle ikke erfare, at han var én man ikke kunne tage sig af, han skulle vide, at han var ønsket og elsket - og selvom jeg ikke var i tvivl om, at hans far ønskede Albert, så var det ikke dét, Lasse kunne vise ham lige nu. Men når vi var ude blandt andre, prøvede Lasse at opretholde illusionen om, at vi begge var glade for at være forældre.

Jeg var anspændt og parat til at træde til hele tiden. Ikke kun når vi var ude, men også hjemme. For det var jo sådan mit liv var. Og jeg var træt. Og jeg var vred. Selvom Lasse havde sit at drible med, med at forholde sig til at være blevet far, så var jeg vred på ham. Og hvor egoistisk det end kan lyde, så syntes jeg, at Lasse svigtede både mig og Albert. At han svigtede den aftale, vi havde lavet om at sammen skabe en familie, som vi synes en familie skal være. Og nu skulle jeg også lade, som om at alt er i skønneste orden, for at beskytte Lasse.

Dem som kender mig ved at det med at lade som om, ikke er min stærkeste side. Jeg finder det anstrengende at skulle lade som om at have det på én måde, som ikke passer. Jeg giver altid ærligt og respektfuldt udtryk for, hvordan jeg har det. Men for første gang i mit liv oplevede jeg, at giver jeg udtryk for hvordan jeg har det, svigter jeg den mand, jeg elsker. For det gjorde jeg jo stadig. Jeg havde stadig et håb for, at Lasse skulle få det bedre, kunne være far og vi blev den harmoniske familie, som vi drømte om. Men var jeg tro mod Lasse, var jeg ikke tro mod mig selv.

Men jeg kan ikke kun give Lasse skylden for, at vi ikke var ærlige om, hvad der foregik med både Lasse og Albert - og mig for den sags skyld. Min forfængelighed spillede en stor del af skylden for, at familie og venner ikke fik lov til at hjælpe. For mange ville gerne.

Når jeg ikke bare udleverede, hvordan vores familiesituation så ud, var det også fordi, at det var svært for mig at acceptere, at jeg havde valgt en far til mit barn, som ikke kunne relatere sig til barnet. Jeg følte skyld overfor

Albert. Jeg følte skyld og ansvar over for Lasse. Jeg følte, at jeg havde presset ham ud i noget, han ikke ville eller kunne, og følte skyld over at han ikke kunne forholde sig til Albert. I dag ved jeg godt, at den del ikke er min skyld, men når mennesket er presset er tanker og følelser langt fra rationelle. Jeg skammede mig over mig selv. Skammede mig over mit valg af partner. Selvom jeg elskede Lasse, tænkte jeg, at jeg havde taget et forkert valg, i at gøre ham til far for mit barn. Samtidig skammede jeg mig over, at Albert havde brug for svøb og vuggen, og at han græd så meget de første 5 måneder af sit liv. Mine tanker handlede udelukkende om, hvordan jeg havde valgt forkert, eller hvordan jeg ikke hjalp mit barn. Når alle disse følelser og tanker om utilstrækkelighed blev for overvældende, var jeg desperat efter at få hjælp. Jeg kunne ikke spørge min familie, for de måtte ikke vide noget. Jeg kunne kun spørge Lasse. Og Lasse, han begyndte at græde eller blive vred efter 5 minutter sammen med Albert. Det var den ondeste cirkel af fortvivlelse, jeg nogensinde har oplevet.

Når jeg ikke kunne bede om hjælp nogen steder, og jeg var flov over at gå ud på gaden med Albert på grund af hans ked-af-det-hed og vugge-behov, begyndte jeg at isolere mig selv. Udover mor-barn-gruppen hver anden uge, holdte jeg mig hjemme og væk fra andre. Andre skulle ikke se, at jeg ikke kunne hjælpe mit barn. Jeg var også bange for, at hvis nogle skulle spørge ind til Lasse, at jeg ville gå i stykker. Bryde sammen. Der var ikke plads til, at to forældre ikke fungerede.

Når jeg endelig vovede mig ud med Albert i barnevognen, blev jeg i gadebilledet mindet om, at den faderfigur jeg så hjemme hos mig selv, ikke var normen. At se en far i butikscenteret eller på gaden gå med en barnevogn, kunne få det til at blive højvande i mine øjne.

Jeg blev ensom. Jeg var alene om at opleve glæden ved at have fået et barn. Jeg var alene om frustrationen over Alberts start på livet. Og jeg oplevede det som, at Lasse og jeg drev længere og længere væk fra hinanden. Jeg lukkede mig rundt om Albert, i beskyttelse af ham, men også i nødvendighed. Lasse lukkede sig om sin depression.

Jeg traf et valg om at være tro mod Lasse og hans ønske om at holde hans psykiske tilstand for os selv. Men alligevel var jeg frustreret på Lasse over hans ønske. Én ting er at dette forhindrede Lasse i at søge og få hjælp, men det forhindrede også mig i at bede familie og venner om hjælp.

Det skal tilføjes, at min og Lasses mor flere gange tilbød at passe Albert, så jeg kunne få en pause. Men jeg kunne ikke få mig selv til at give slip på Albert. Det er muligt, at jeg burde have taget imod tilbud om pause. Jeg var så skyldbetonet over det miljø, jeg havde sat Albert til verden i, at jeg ikke kunne byde ham, at jeg ikke var dér for ham. Sådan tænkte jeg.

Jeg ville have, at han skulle vide, at hans mor altid er dér for ham. Albert skulle ikke opleve, at begge hans forældre var ustabile. Samtidig var det også svært for mig at give slip på Albert, mens han led af smerter fra torticollis. Jeg tror der er flere forældre, der kan medgive, at de helst selv vil passe deres børn, når de er syge. Jeg ville rigtig gerne have haft hjælp i form af besøg, som bare kom og var hos mig og Albert. Jeg ville også have sat pris på hjælp til indkøb, madlavning og måske et øje på Albert så jeg kunne komme i bad. Men dette var der faktisk ikke nogen, der tilbød. Jeg skulle nok have sagt noget. Bedt om dette helt konkret. Men jeg var ikke i stand til at mærke noget som helst. Eller bede om noget så helst. Var meget bange for at blive overvældet af mine følelser, i sådan en grad at det skulle forhindre mig i at passe mit barn.

Der var nætter, hvor jeg græd mig selv i søvn. Lasse var holdt op med at sove i soveværelset sammen med mig og Albert, allerede da Albert var omkring 7 uger gammel. Uroen fra Albert gjorde Lasses symptomer værre. Når Albert gik i seng om aften, gik jeg også i seng. Så havde jeg ro til at være mig selv. At have det som jeg havde det. Være ked af det. Jeg kunne ikke være ked af det foran Lasse. Jeg prøvede at par gange, men han hørte mine følelser som en kritik af ham. Desværre. Men

Lasse var jo selv præget af sin egen skyld og skam. Jeg er ikke tvivl om, at Lasse er meget ked af, at han ikke kan være der for hverken mig eller Albert. Men samtidig var hans handlinger modstridige. Da Lasse først begyndte at være ærlig omkring, at han ikke kunne holde Albert uden at føle stærk vrede, fik vi aftalt, at jeg egenrådigt skulle stå for pasning af Albert. Dette var en lettelse for mig. Nu blev jeg ikke længere vred og irriteret, når Lasse ikke hjalp med Albert. For dette kunne jeg ikke forvente af ham.

Lasse kunne heller ikke hjælpe med Albert. I Lasses følelseskaos, blev enhver lyd fra Albert tydet som sult. Så hvis jeg endelig overlod ansvaret til Lasse, fandt jeg dem med et utal af ikke spiste sutteflasker. Jeg kan huske en situation, hvor Lasse kalder på mig. Han er frustreret over, at han ikke kan få Albert til at holde op med at græde. Lasse fortæller, at han har prøvet at give ham mad, men han vil ikke spise. Jeg tager imod Albert og registrerer en lugt af afføring. Albert har skidt. Jeg fortæller Lasse, at Albert skal skiftes. Lasse falder sammen af ked-det-hed over ikke selv at have opdaget det. Han kritiserer sig selv over, at han ikke kan passe sin søn.

Det er svært at høre én, man elsker tale grimt til sig selv. En del af mig synes jo egentlig også, at det var for dårligt, at Lasse ikke kunne aflæse Albert. Det er først senere, jeg genfinder min evne til at vise forståelse overfor Lasse. På dette tidspunkt er jeg godt træt af, at Lasse bruger sin tid på at tænke over, hvorfor han ikke kan passe sin søn, i stedet for at søge hjælp. De eneste der ved, hvordan det egentlig står til med Lasse er vores sundhedsplejerske, mor-barn-gruppen og en sagsbehandler, som Lasse har talt med på jobcenteret.

I November 2016 modtager vi et brev fra kommunen, som er adresseret til Alberts forældre. Brevet er fra familieafsnittet på kommunen. De skriver, at Lasses sagsbehandler på jobcenteret har lavet en underretning på Alberts trivsel på baggrund af en samtale med Lasse.

Jeg er i chok. Jeg er forarget. Min nederlagsfølelse og fiasko som mor er komplet. Jeg var selv bekymret for om jeg kunne passe mit barn, og nu er omgivelserne også bekymret for det samme. Jeg havde ingen anelse om, at der var en underretning på vej. Jeg spurgte Lasse, om han vidste, at hans sagsbehandler ville underrette. Det vidste han godt. Han havde bare ikke sagt det. Vi skulle møde op til samtale på familieafsnittet, hvor en sagsbehandler ville lave en vurdering af, om Albert trives.

Jeg græd mig selv i søvn den nat.

Jeg kan huske, at jeg den aften tænkte, at det hele kunne løses ved, at Albert sov ind. Hvis Albert ikke eksisterede længere, ville dette uendelige kaos og uro ophøre. Tanken om at jeg skulle miste Albert, fik mig til at græde endnu mere. Selvom min glæde og kærlighed til Albert ikke var forrest i opmærksomheden, var og er Albert min store kærlighed. Men tanken om at Albert skulle sove ind, var et udtryk for mit behov for at se en løsning på en umulig situation.

Kapitel 6

Min tankestrøm var et mylder af skyldbetonet og bekymrende tanker om, hvordan denne situation nogensinde skulle blive anderledes. Bedre. Mine følelser var angst, ked-af-det og sorg. Jeg sørgede over tabet af den stille og rolige og kærlige start på familielivet, som hverken jeg, Lasse eller Albert fik. Min krop var i uro. Jeg var øm i kroppen konstant. Jeg var begyndt at få snurrende punkter omkring skulderbladet, og jeg var faktisk stadig øm i halebenet efter graviditeten/fødslen. Men jeg havde ikke haft overskud til at skænke mig selv en kærlig tanke eller behandling. Bare det at rede mit hår efter et bad var en umulighed. Og det er ikke engang en overdrivelse. Jeg havde hår ned til midt på ryggen, og til sidst var det så knudret, at jeg måtte til frisøren og få klippet håret op til skulderen.

Lasse håndterede situationen ved at være så lidt hjemme som muligt. Om dagen var han i skole. Om eftermiddagen og aftenen på arbejde eller hjalp venner og familie med gøremål. I weekenden påtog han sig også opgaver ude af hjemmet. Hvis han endelig var hjemme, var vi sammen hver for sig. Hvis der var arrangementer i min familie, tog jeg afsted med Albert alene - sagde til familien, at Lasse var syg eller skulle arbejde. Imens lå Lasse hjemme og bebrejdede sig selv, at han ikke kunne være sammen med os.

Det var svært for mig fuldt ud at forstå Lasse og hans reaktioner. Men jeg ville gerne hjælpe ham. Jeg ville jo gerne være en familie, sammen med Lasse.

Der findes et familietilbud i vores kommune, som er gratis og anonymt. Jeg kontaktede dem og fortalte om vores situation. Lasse var med på ideen. Han ville jo også gerne have hjælp. Vi fik samtaler hos en socialpædagog, som ville lave "marte meo" med Lasse og Albert. Pointen var, at styrke Lasse i de ting han gør godt og få boostet hans tro på sine evner som far.

Det lød godt. Jeg skulle filme Lasse være sammen med Albert, og filmene ville vi så gennemgå i fællesskab. Jeg syntes også, at samtalerne gav mig en tro på mine evner som mor og boostede min tro på jeg godt kunne aflæse Albert. At jeg gjorde det godt nok, til trods. Det havde min sundhedsplejerske også bekræftet mig i, men når alt virker kaotisk, er det svært at se de ting, der faktisk virker.

Aftalerne med socialpædagogen kræver en del planlægning, og Lasse er presset af skole, arbejde og hans situation som far, så alt planlægning ligger på mig. Jeg påtager mig opgaven og tænker, at det må jeg gøre for, at vi kommer tættere på at blive den familie, vi gerne vil være.

En dag da socialpædagogen kommer, har Lasse åbenbart glemt, at vi har en aftale med hende. Hun foreslår, at hun filmer Lasse sammen med Albert. Til dette siger Lasse, at han ikke magter det i dag, men at hun kan filme mig og Albert.

Jeg kigger på Lasse og minder ham om, at vi gennemgår det her forløb for at hjælpe ham med at blive den far, han gerne vil være. Lasse er træt den dag, og vi aflyser aftalen med pædagogen. Men jeg har svært ved ikke at føle mig udleveret af Lasse. Ser jeg tilbage, var det nok heller ikke den rette hjælp for Lasse. En hjælp der indebærer, at han skal være tæt sammen med sin søn, når han får kraftige reaktioner på det, var nok lidt fejlslagen. Men samtidig var pædagogen god til at opmuntre Lasse til at være sammen med Albert og bedte ham om at presse sig selv til at være sammen med ham. Dette gjorde, at Lasse begyndte at kunne tage sig af Albert 20-30 minutter om dagen.

Men jeg begynder alligevel at tvivle på om Lasse ville få det bedre. Jeg begyndte at tvivle på, om situationen kunne blive anderledes. Jeg synes, at de fremskridt der sker med Lasse, sker i det små og med meget kraftig opbakning fra udefrakommende personer. Det er som om, at jeg ikke kan sige eller gøre noget, som Lasse kan bruge. Til trods for at jeg kan høre socialpædagogen sige nøjagtig samme ting som jeg. Lasse har senere fortalt mig, at han var misundelig på mig og Alberts relation.

Jeg bestilte en tid hos psykologen og tog afsted sammen med Albert. Jeg havde brug for at vende situationen med én. Jeg fortalte psykologen, Marlene, at jeg var begyndt at tvivle på, om det ville blive anderledes. Hun sagde to ting til mig, som var meget brugbare. Den ene ting hun sagde var, om Lasse får det bedre med at være far er helt og deles Lasses ansvar. Ikke mit.

Den anden ting hun sagde til mig var, at min opgave som Alberts mor er at give ham de betingelser, jeg ikke selv havde haft. Denne sætning ændrede alt for mig. I stedet for at være optaget af alt det, jeg ikke havde givet Albert, som to stabile forældre, en rolig start på livet osv. Begyndte jeg at fokusere på det, jeg gav Albert. Opmærksomhed. Smil. Kys. Anerkendelse for den han er. Og i hvert fald én stabil forælder. Jeg forlod psykologen velvidende om, at uanset hvad der skete fremadrettet med mig og Lasse, skulle Albert altid have adgang til begge sine forældre, samt altid have mulighed for at snakke om sine følelser og tanker. To betingelser som jeg ikke selv har haft.

Selvom jeg var blevet mere afklaret om, at jeg skulle fokusere på at være dér for Albert, var jeg ikke klar til at give afkald på Lasse. Jeg håbede til det sidste, at han ville finde mulighed for at tage imod hjælp. En del af mig var skuffet over, at Lasse ikke kæmpede for vores forhold og familie. Det var sådan, jeg så det. At Lasse nok ikke elskede mig og Albert

nok til at kæmpe for os.

Kapitel 7

Den 14. december 2016, vil Lasse meget gerne i tivoli. Jul i tivoli var en af min og Lasses fælles traditioner som par. Jeg havde ikke0, noget som helst overskud til hyggelige og rare ting. Jeg er på dette tidspunkt stadig meget fikseret omkring Albert, som på dette tidspunkt stadig kun kan sove ved at blive vugget. Samtidig er Albert stadig helt og holdent mit ansvar. Jeg syntes, det var et falskt signal at tage på familietur i tivoli, når vi var alt andet end en velfungerende familie.

Midt inde i tivoli bliver Albert svært grædende, og jeg ved ikke, hvad jeg skal gøre andet end at tage ham i mine arme og vugge ham. Han havde fået mad og tør ble og så videre. Lasse står paralyserede og kigger på. Folk i tivoli går forbi og kigger. Jeg føler mig udstillet. Tænker de også, at jeg er en dårlig mor. En kvinde kommenterer vuggeriet. Det slår klik for mig, og jeg får råbt til kvinden, at hun skal blande sig uden om. Lasse begynder at skælde mig ud for at tale grimt til andre mennesker. Jeg havde mere brug for, at han beskyttede mig og Albert. At jeg kunne fortælle ham om, hvordan jeg havde det, uden det blev taget som kritik af ham. Jeg vidste, Lasse gjorde sit bedste med det, han havde til rådighed. Jeg ville ønske, han så det samme i mig.

Jeg holdte op med at vugge Albert. Tog ham op på min skulder. Kiggede Lasse ind i øjnene og sagde "Vi to. Vi er færdige med hinanden". Da vi kom hjem, afleverede jeg forlovelsesringen tilbage til Lasse. Jeg gav op på kærligheden.

Egentlig gav jeg ikke op. Men på daværende tidspunkt føltes det som et nederlag. Men som det senere skulle vise sig, var det at Lasse og jeg gik fra hinanden med til at Lasse begyndte at få det bedre.

Nogle dage efter vores brud ringede min telefon. Det var min jordemoder, Bjørg, fra tidlig indsats forløbet. Hun ringede for at følge op på, hvordan vi havde det, nu hvor Albert var ved at være 5 måneder. Jeg fortalte hende om situationen med Lasse. At han ikke kunne være i nærheden af Albert uden at blive vred.

Hun fortalte om spædbarnspsykiatrien i Glostrup, som var og er eksperter i fædre med fødselsreaktioner. Hun spurgte, om hun ikke måtte henvise os dertil. Jeg fortalte hende, at jeg havde valgt at gå fra Lasse, og at jeg derfor ikke kunne tage den beslutning uden ham. Vi aftalte, at jeg skulle vende tilbage når jeg havde snakket med Lasse. Samtidig roste hun mig for min beslutning om at gå fra Lasse. Det kan lyde lidt makabert. Men som Bjørg sagde, så tog jeg en beslutning som den kompetente og gode mor jeg er, om at passe på mit barn og mig selv. Jeg vidste, at hun havde ret. Jeg havde givet det alt, hvad jeg kunne, og nu blev jeg nødt til at acceptere, at Lasse også havde sin egen proces, som jeg ikke kunne blande mig i. Jeg skulle fokusere på at være mor for

Albert, og være dér for mig selv, så jeg kan blive ved med at være der for Albert.

Jeg nævnte Bjørgs forslag for Lasse, og han syntes det lød godt. Det var første gang vi begge hørte om nogle, som beskæftigede sig med fædre og fødselsreaktioner. Indtil da, havde det været helt umuligt at finde et behandlingstilbud, som passede til Lasses situation.

Vi blev henvist til spædbarnspsykiatrien. Ikke et tiltag der boostede min stolthed og selvtillid. Henvisningen var i Alberts navn og cpr-nummer. Jeg havde og har stadig, meget svært ved at acceptere at min dreng, inden han overhovedet er fyldt et år, er noteret i både kommune og psykiatri. Både

Sundhedsplejersken og Lasse prøvede at berolige mig med, at det er det, der skal til for, at Albert kan få en stabil far. Jeg prøvede at tro på deres beroligelse, men det ændrede ikke på, at min stolthed led endnu et knæk.

Spædbarnspsykiatrien begyndte at komme i vores hjem i starten af 2017. Jeg fandt deres besøg grænseoverskridende. Det skal helt sikkert ses i relation til, at jeg havde svært ved at acceptere, at Lasse og jeg ikke kunne skabe en familie sammen, men også det benhårde faktum at jeg så mig selv som en kæmpe stor fiasko.

Personalet fra spædbarnspsykiatrien har meget fokus på at behandle familien rundt om Albert. Dette synspunkt har jeg meget svært med at forene mig med. Det er jo ikke Albert, der er noget galt med. Tværtimod og heldigvis trives Albert på alle parametre. Dette slår både sundhedsplejersken og spædbarnspsykiatrien fast. Lasse pointerer også overfor personalet, at det er ham der skal være i fokus. Det var virkelig rart at se ham tage mig lidt i forsvar, men også at han begyndte at tage ansvar for sin egen situation.

Jeg havde brug for, at andre tog sig af Lasse. Jeg havde fået nok. Det var jo også, derfor jeg havde valgt at gå fra ham. Spædbørnspsykiatriens måde at arbejde på er bygget omkring støtte til familien, der er om barnet. Det var ikke helt den forståelse, jeg havde fået fra min jordemoder. Jeg havde fået forståelsen af, at de kunne hjælpe fædre med fødselsreaktioner, men deres metoder indebar en deltagelse af hele familien. Deres anskuelse går i clinch med min anskuelse af Lasses og min relation. For jeg har aldrig nogensinde på noget tidspunkt følt, at vi har været en familie, efter Albert er blevet født. Og selvfølgelig skal min afvisning af hjælpen fra spædbørnspsykiatrien også ses i lyset af min stærke træng til snart at få noget ro fra Lasse, og brug for at blive styrket i min tro på at være forælder. I samtalerne med spædbarnspsykiatrien var der meget fokus på alt det, der var risiko for. Risiko for at Albert får reaktioner på sin fars depression. Jeg savnede efterhånden nogle gode succesoplevelser - savnede at få af vide alt det der var godt, til trods for vores situation. En anden årsag til min modvilje mod spædbarnspsykiatrien, er at deres behandling af os sammen, forhindrede mig i at give udtryk for det som var svært for mig. Min vrede. Lasse var misundelig på mig, over min relation til Albert. Jeg var misundelig på Lasse, over han var helt fritaget for al ansvaret. Men skulle jeg give udtryk for den misundelse og vrede, ville Lasses skyldfølelses blot blive forstærket. Jeg synes helt klart, at behandlingen af os som en familie slår fejl, da det forhindre både Lasse og mig i at kunne udtrykke os frit. Jeg sad i hvert fald i samtalerne og tænkte mig meget om, hvad jeg skulle sige.

Da Albert og jeg flytter, bliver aftalen, at
spædbarnspsykiatrien afholder deres samtaler
med Lasse og Albert, uden min deltagelse,
men i mit hjem. De kunne så støtte Lasse i sin
relation til Albert og se Albert i sine vante
omgivelser.

Kapitel 8

Lasse og jeg bor sammen i 5 måneder, efter vi er gået fra hinanden.

Søndag den 30. april 2017 flytter jeg og Albert ind i treværelseslejlighed. Vi kom til at bo ca. 2,5 km væk fra Lasse. Jeg glædede mig enormt til at flytte, og samtidig var det med en vis angst og sorg.

På flyttedagen møder venner og familie talstærkt op for at hjælpe mig. Lasse og Lasses mor passer Albert. Det er første gang, jeg skal være væk fra Albert en hel dag.

Efter at Lasse og jeg gik fra hinanden, var jeg ikke længere nødsaget til at beskytte Lasse, som jeg havde følt før. Jeg var begyndt at være ærlig omkring Lasses vanskeligheder med at relatere sig til Albert, og jeg begyndte at være ærlig omkring, at jeg havde været alene om Albert, stort set fra fødslen af. Min ærlighed var stadig betinget af, at jeg kun talte om situationen i det omfang, jeg kunne uden at bryde sammen. Jeg var stadig bange for at skulle blive så ked af det, at jeg ikke ville kunne fungere som mor bagefter. Men med min spirende ærlighed, blev det muligt for mit netværk at hjælpe, og det skal jeg love for, de gjorde den dag, jeg skulle flytte. Det er første gang jeg er flyttet ind i en lejlighed, hvor jeg på flyttedagen får sat lamper op, boret skab op på toilettet og pakket køkkenet fuldt ud. Da den sidste gik fra mit nye hjem, havde Albert og jeg et fuldt funktionsdygtigt hjem.

Det var helt vildt kærlighedsfuldt at se mine kære stille sig sådan til rådighed for mig og min søn. Og jeg er sindssygt taknemmelig.

De første 4 nætter i lejligheden var lidt urolige for Albert. Han havde vist en reaktion på at være flyttet for anden gang i sit 9 måneder lange liv. Han var halvanden time om at falde i søvn, og så vågnede han midt på natten og var vågen tre timer. På femte dagen var søvnen stabiliseret, og der var ro på igen.

Men det blev tydeligt for mig, at bare fordi jeg var flyttet fra Lasse, var alt jo ikke bare godt og dejligt. Nu var konstellationen bare anderledes. Jeg havde lovet Albert, Lasse og mig selv, at Albert skulle have mulighed for at være sammen med sin far. I Maj 2017 var

Lasse stadig i skrøbelig psykisk tilstand, og for at far og søn kunne opretholde relationen, krævede det, at jeg skabte betingelserne. Dette skulle vise at blive lidt af en mundfuld. I begyndelsen så Lasse og Albert hinanden én time hver tirsdag, torsdag og Lørdag. I den time var jeg til stede, så Lasse havde mulighed for at trække sig, hvis det blev nødvendigt. Sideløbende med Lasses samvær med Albert, fik han samtaler med spædbarnspsykiatrien. Selvom det gik langsomt, så begyndte der at komme en lettelse i Lasses tunge sind. Omkring Juni, synes jeg, at jeg ser brudstykker af den Lasse jeg engang forelskede mig i. Lasse fortæller mig, at selvom han ikke kunne se det dengang i December, så tog jeg den rigtige beslutning ved at gå fra ham og flytte med Albert. Lasse fortæller, at det først er efter vi er flyttet ud, at han begynder at få ro på sig selv. Stille og roligt begynder Lasse at kunne være sammen med Albert længere tid, og da vi når til marts 2018, er Lasse og Albert sammen 3 gange tre timer ugentligt, og uden at jeg behøver at være tilstede.

Efter vi er flyttet fra hinanden, begynder det også at blive muligt for os at snakke sammen, og ikke bare bebrejde hinanden. Nogle gange når Lasse besøger Albert kunne Lasse finde på at fortælle Albert, at han har en stærk mor. Selvom jeg inderst inde godt ved, at dette er en kærlighedserklæring og en ros til mig, så gjorde og gør den sætning mig meget vred. Jeg har handlet, som jeg har i kraft af, at det var nødvendigt. I kraft af kærlighed til mit barn. I kraft af en tro på hvad der er rigtigt for os alle tre. Men jeg ville hellere, at det ikke havde været nødvendigt. Den vrede bar jeg på længe efter Lasses og mit brud. Vrede over at vi i fællesskab lod vores forhold komme så langt ud, at den bedste og eneste løsning var brud. Vrede over at vi holdte op med at være dér for hinanden, men vendte os imod hinanden. Og selvom jeg med min fornuft kan forstå, at det er hver vores reaktionsmønster når vi bliver presset, så er jeg ked af at det, vi gjorde mod hinanden. Og allermest det vi satte Albert i.

Som tiden går, vokser Albert og viser sig fra sin nysgerrige side. Jeg står forrest i køen til alle Alberts første-gang oplevelser. Alberts første flødebolle, Alberts første dag i vuggestue og Alberts første skridt. Jeg tager for givet, at Lasse går glip af alt dette. Jeg er mere optaget af at være der, og nyder at være der. Selvom det er benhårdt at være alene med et barn, var det en stor befrielse for mig, at det nu bare var mig og Albert. Det gjorde stort indtryk på mig at se Lasse gå rundt i den der lidt sovende tilstand, som jeg synes depressionen gjorde ved ham. Men den vrede og sorg jeg føler over et forlist forhold, præger min kommunikation med Lasse. Jeg er meget bebrejdende over for Lasse, når vi taler sammen om Albert. "Hvis du nu bare tog dig sammen..:" kunne jeg finde på at sige. Ikke mit pæneste øjeblik. Jeg havde svært ved at få bearbejdet alle mine følelser omkring bruddet, samtidig med at være alenemor. Jeg kunne både se og høre på Lasse, at jeg sårede ham, når jeg var i det her bebrejdende humør.

Det er svært at være i en stress/krise tilstand, som jeg ikke er i tvivl, om jeg var i. Det er som om, at én anden fører ordet. Havde jeg været mig selv, ville jeg være lidt mere medfølende. Men jeg kunne ikke styre mig selv, og nogle gange havde jeg nogle ubehagelige udbrud, hvor jeg snakkede meget grimt til Lasse. Det begynder at blive klart for mig, at jeg har noget, jeg skal have håndteret. Noget som er mit, og ikke kan puttes på Lasse. Det er stadig meget svært for mig at tale om hele forløbet fra fødsel til brud. Jeg kan ikke tale eller tænke på det, uden at blive ked af det og

græde. Og jeg har stadig den her frygt for at

min reaktion skal blive så voldsom, at jeg ikke

kan samle mig igen. Men jeg ringer alligevel til

mødrehjælpens telefonrådgivning og får en

anonym snak. Jeg snakkede med en rådgiver i

5 kvarter, og jeg græd store dele af samtalen.

Det var første gang, jeg fortalte om hele

forløbet fra start til slut. Og selvom det var

hårdt, mens jeg fortalte, var det som om, at

nogle brudstykker faldt på plads inden i mig.

Jeg fik nok en smule mere accept af forløbet.

Accept af at jeg ikke gav min søn en ønskelig

start på livet. Til gengæld fik rådgiveren mine

øjne op for alt det andet, jeg gav og giver

Albert. Som en mulighed for at kende sin far,

og som hun sagde så ”er lidt kendskab bedre

end ingen kendskab". Jeg fik associationer til rådet fra psykologen, om at skabe de betingelser for Albert som jeg ikke selv har haft. Endvidere rådede mødrehjælpen mig til at lede efter relationer, hvor jeg fik en følelse af ikke at være alene om ansvaret. Som eksempelvis hvis jeg havde venner, der også var alene med børn. Jeg har en veninde, der er alene med to børn, og hende fik jeg lavet en fast aftale med om at spise aftensmad sammen hver anden uge. Vores børn har virkelig stor glæde af vores fællesspisninger. De leger sammen og får kendskab til hinanden. De får relationer uden for deres daginstitution. Og min veninde og jeg har et fællesskab, i og med vi begge ved, hvad det vil sige at være alenemor.

Et andet råd jeg tog med mig fra samtalen med mødrehjælpen var, at i stedet for at fokusere på alt det, der er hårdt og besværligt, så se det som om at jeg var i gang med at spare op på "mor og Albert"-kontoen. Jeg fandt det, og gør det stadig, lidt smertefuldt, at Lasse kommer og ser Albert, hvor de har hyggestunder sammen. Badning, kampen med tandbørstning, vågne nætter, afvænning fra sutteflaske og så videre er helt holdent mine opgaver. Jeg var misundelig på Lasse omkring dette. At han kommer valsende ind i mit hjem, og har legestunderne og hyggetiden, uden pligterne. Men mødrehjælpen satte det i perspektiv for mig, og hver gang jeg hjælper Albert i hans udvikling, er dér for Albert, når han er syg eller andet, så forestiller jeg mig, at jeg sætter en lille stjerne ind på en konto. Mødrehjælpen kaldte det "kontoen som den stabile forælder". Der skulle være et stort afkast og hente med tiden, og jeg synes faktisk allerede, at jeg begynder at se det.

Jeg begyndte at tage hvert enkelt kompetence, som Albert fik udviklet, som en cadeau til mine forældrekompetencer. Og sammen med Albert, begyndte vi at indsamle stjernestunder, der støtter op om, at jeg er en god nok mor. Som da Albert som 15 måneder gammel begyndte at gå med i køkkenet, når der skulle laves aftensmad. Elsker at se hans begejstring, når han står med en lille smørkniv, sit eget spækbræt og skære grøntsager. Salaten bliver rustik, men min dreng får selvtillid og føler sig vigtig. Så er salatens udseende fuldstændig ligegyldig.

Det blev nemmere for mig at acceptere at alting ikke var perfekt. Jeg satte nogle prioriteringer op, en slags værdier, som er væsentlige for mig i min opdragelse af Albert. Som eksempelvis vil det altid være vigtigere for mig, at Albert og jeg dagligt får en stund uden støj. Og hvis det så betyder der ikke er hjemmelavet mad, så er det . okay. Ligesom det også er okay, der er støv i hjørnerne og top på vasketøjskurven.

Jeg genoptog en daglig rutine med at meditere 15 minutter dagligt. Kan være nemt at springe over, når der også skal hentes barn, laves mad og så videre. Men jeg fandt at disse 15 minutter med fokus på mit åndedræt, hjalp mig med ikke at blive så overvældet af min vrede. Samtidig begyndte jeg at gå regelmæssigt hos en psykomotorisk terapeut. Hun hjalp mig med at få samlet min krop og psyke sammen til en helhed igen. Jeg følte mig ret fraspaltet, under og efter hele forløbet. Det at jeg begyndte at finde nogle ting at dyrke, som var mit, gav mig igen styrke og selvtillid. Jeg havde ikke haft meget overskud til at give mig selv et kærligt blik, og det boostede mig meget at jeg nu prioriterede dette.

Kapitel 9

I min rolle som enlig forsørger, blev der også åbnet op for at relationer, som jeg ellers har haft i periferie blev tættere og fik nyt liv. Min kusine, som også er alene om at opdrage et barn, blev jeg tættere med. Jeg kan tale med hende om, hvordan det er at være alene om et barn, men også om hvordan man får opretholdt barnets kontakt til faren - og de følelser man selv sidder med i den forbindelse.

Jeg oplevede, at mine omgivelser havde nemt ved at forstå, hvad jeg stod i som alenemor. Jeg oplevede det vanskeligere at hente forståelse for, hvad det vil sige, at faren havde en fødselsreaktion. Hvis Albert var syg, var det givet, for nogle i mit netværk, at Lasse hjalp med pasning. Men det kunne Lasse ikke. Indtil Albert var omkring 15 måneder, var fokus på, at Lasse skulle lære at være sammen med Albert, hvilket betød minimalt af ansvar. Dette var anbefalingen fra spædbarnspsykiatrien. At Lasse ikke skulle andet sammen med Albert, end at bare være sammen med ham.

Til nogle af samtalerne med spædbarnspsykiatrien, fortæller Lasse, at han føler stor skyld over hans måde at reagere på, da Albert bliver født. At han føler, at han har svigtet både mig og Albert, og at han er bange for, at han ikke får en relation til Albert. Jeg forstår nu, at selvom min vrede og sorg over min start på forældrerollen er helt berettiget, er Lasses følelser ligeså berettiget. Jeg følte tab af partner og familie, Lasse følte sig utilstrækkelig som mand og som far. Vi har hver især været igennem hver vores forløb med at blive forældre. Det havde klart været bedst, at vi kunne have gået igennem det hele sammen, sådan gik det bare ikke.

Lasse og jeg har stadig meget at få på plads i forhold til at være forældre sammen, hver for sig. Lasse drømmer om at have Albert 7 dage hver anden uge. En sådan en ordning vil være ønskværdig. Men stadig langt ude i fremtiden.

Jeg har stadig et arbejde foran mig med at acceptere min historie om at blive mor for første gang. Acceptere at jeg valgte en mand, hvor jeg fik gentaget min egen historie fra, da jeg var barn. Men forskellen er, at jeg nu har muligheden for at give Albert de betingelser, jeg ikke selv havde. Og det starter med, at jeg begynder at være ærlig omkring forløbet. Det er vigtigt for mig, at Alberts første leveår er en ærlig fortælling. Selvom den ikke er køn, så er det vores families fortælling. Og den har nogle smukke nuancer. Til trods for det kaos som har præget Lasses og min relation, mens Lasses depression var på sit højeste, kan vi snakke åbent om hele forløbet. Jeg fortæller nogle gange Lasse om episoder, som han ikke kan huske. Lasse fortæller mig, at han er glad for, at jeg er mor til hans barn. Nu hvor Lasse begynder at føle glæde og kærlighed til Albert, er jeg igen sikker på, at Lasse er den rette far til mit barn. Selvom Lasse ikke er far på fuld tid, er han en kærlig, rummelig og dejlig far. Jeg håber én dag Lasse også begynder at tro på det.

Kapitel 10

I dag, hvor Lasse kan tage mere del i ansvaret og opdragelsen af Albert, er det andre problematikker som vi står over for i vores samarbejde. Lasse vil rigtig gerne kompensere for den tid, han var fraværende. Fuldt forståeligt. Jeg vil rigtig gerne hjælpe Lasse med at lære Albert at kende. Jeg har trods alt et forspring på halvandet år. Jeg oplever, at der her opstår konflikter mellem os, i kraft af at Lasse tror, jeg belærer Lasse om vores søn, og jeg tror, at Lasse skider højt og flot på, at der er en mor, som har været på 24/7, og derfor er meget kompetent i deres fælles barn.

Dette er muligvis en almindelig konflikt imellem forældre, der er forældre hver for sig. Eller også er det et resultat af vores start som familie. Denne sondering mellem hvad er almindelig forældre-konflikt, og hvad er et resultat af fødselsdepressionen er en vedvarende overvejelse for mig.

Men faktum er bare, at Alberts far fik en fødselsdepression, da han blev far. Det er der ikke nogen skam i. Jeg håndterede det så godt, jeg kunne. Det samme gjorde Lasse. Og jeg er sikker på, at vores fælles evne til at kunne kigge på hinanden og sige "du gør det så godt du kan lige nu", er den medvirkende faktor til at samarbejdet fungere i dag. Og det er til trods for, at det at være forældre hver for sig stiller store krav til mine diplomatiske evner. Men det må næsten være gældende for alle forældre.

Det som var mest frustrerende ved Lasses fødselsdepression/reaktion, var den uigennemskuelighed, jeg oplevede i forhold til at finde et relevant behandlingstilbud. Alle steder jeg henvendte mig med eller uden Lasse, blev vi mødt af uvished omkring behandling eller andre relevante tilbud.

Med udgangspunkt i min egen fortælling, opsummerer jeg her det, som var hjælpsomt for mig;

- At være sammen med mødre, som er ærlige omkring det, der kan være svært ved at være mor. I det hele taget at være sammen med mennesker, hvor jeg ikke var nødt til at lade som om, men hvor jeg kunne have nattøj på og strithår.

- For mig var det hjælpsomt at vælge den ordinære mødregruppe fra. Denne konstellation forstærkede min forkertheds- følelse.

- At jeg selv accepterede mine følelser 100 %. Jeg prøvede ikke at ændre mine følelser, var jeg vred, var det sådan, jeg havde det. Det vigtigste var, at jeg viste Albert, at alle følelser er okay, og at man godt kan hænge sammen, trods svære følelser.

- At jeg lyttede til mit moderinstinkt og selv passede Albert. (Jeg kunne godt have været bedre til at bede om hjælp. Hvis du står i en situation nu, hvor din partner har en fødselsreaktion- bed om hjælp!).

- Selvom jeg elskede Lasse, var en af de bedste beslutninger, jeg tog at lade det være op til ham selv at få det bedre. Jeg koncentrerede mig om at passe vores barn.

- At finde sammen med andre enlige forsørgere.

- Selvom det til tider var umuligt, prøvede jeg at huske på, at Lasse ikke frasagde sig Albert med vilje. Lasse gjorde det bedste, han kunne, med de ressourcer han havde til rådighed på det pågældende tidspunkt. Det samme gjaldt mig.

- Vær ærlig- også selvom det betyder du må snakke om din partner bag hans/hendes ryg.

- For mig, var det vigtigt, at Lasse trak sig som forældre, imens han havde det sværest. Dette gav spædbarnspsykiatrien mig ret i. Lasse skulle trække sig fra Albert, få samlet sig, og komme tilbage stille og roligt.

- At være tålmodig, og hver dag øve mig i at se minimum én positiv ting i hverdagen. Ellers blev det hele for trist.

Efterskrift

Da jeg begyndte at skrive denne beretning, var det oprindeligt i et ønske om at få integreret historien i mig selv. Jeg fandt mig selv fraværende i samtaler, med tankemylder og ude af stand til at huske hvad der skete dagen før. Jeg snakkede aldrig om hvad jeg og min familie har været igennem. Heller ikke imens det stod på. Jeg kunne tænke på det nogle gange, men blev altid berørt. Hvilket naturligt medførte en selektering i hvem jeg åbnede op over for. Skulle helst være i et selskab, hvor det er okay at blive ked af det.

Min store vrede mod Lasse, dækkede over en enorm sorg over tabet af den familie vi ikke blev. Det har jeg lært af denne skriveproces.

Jeg er ked af det, og nu tillader jeg mig selv at sørge over alt det der var, det som ikke blev og glæder mig over det der kom ud af det. Albert.

Gennem skrivningen af denne bog, har jeg fået mere ro på tanker og krop. Jeg fornemmer at min start på moderskabet er begyndt at bundfælde sig. En healings proces er begyndt. Forhåbentlig kan denne beretning blive starten på en ærlighed omkring det at blive forældre til trods. Til trods for konflikter. Til trods for barnet har kolik. Til trods for mor eller far er deprimeret. Til trods for barnet ikke får brystmælk. Til trods for torticollis. Til trods for refluks, og find selv på flere. For mig har skammen over at jeg ikke kunne genkende mig selv i det offentlige billede af mødre og fædre med barnevogn, styret mig. Fået mig til at gemme mig væk. De gængse opslag på de sociale medier, om hvor dejligt det er at være forældre, har fyldt mig med fortvivlelse. For jeg synes ikke det kun er dejligt at være forældre. Jeg synes Albert er helt vild dejlig. Men at være forældre er barskt. Og det har ikke noget med Albert at gøre.

Jeg synes det at være forældre er skønt. Hårdt. Sjovt. Svært. Let. Detaljeorienteret. Lærerigt. Fuldt med erkendelser af de gode og de svære slags. Find selv på flere. Jeg er sikker på, jeg ikke kan være den eneste forældre der har det sådan. Det gør os ikke til dårlige forældre. Tværtimod. Det er disse erkendelser og refleksioner over dem, som er med til at forme vores børn til kreative og omsorgsfulde samfundsborgere.

Men jeg synes, at os forældre er dårlige forældre for hinanden, i og med vi ikke deler de udfordringer vi står med som forældre. Der var en gang en mor der sagde til mig, at jeg skulle nyde Albert mere. Hun nød sin dreng alt hvad hun kunne, for hun skulle ikke have flere børn. Jeg sagde ikke noget, men jeg burde i virkeligheden have fortalt hende at hun er heldig at hun kan nyde sin dreng, som sover 18 timer i døgnet, aldrig græder og at hun desuden har en mand til at tage del i ansvaret. Er man alene om ansvaret, enten af eget modigt valg eller fordi partneren er sat ud af spillet, så er man solo om bekymringerne, og så er nydelsen bare svære at få øje på. Ikke umulig, bare svær. Eller sover forældre og barn af en eller anden grund bare ikke, så er nydelsen svøbet godt ind i træthed og koncentrationsbesvær. Det er ikke fordi vi er dårlige forældre, vi bare forældre til trods. Det bliver både vi og vores børn, stærkere af. <3